AF561602

8° R
20262

MATHILDE PETITPIERRE

PLUS DE GUERRES !

LE XXE SIÈCLE

SIÈCLE DE LA PAIX

LA PAIX RUSSO-JAPONAISE

ET

L'ÉTABLISSEMENT DE LA PAIX GÉNÉRALE

LETTRE ÉCRITE AU
TSAR NICOLAS II

PARIS
Aux Bureaux de « La Paix par les Femmes »
117, Boulevard Saint-Michel

1905

PLUS DE GUERRES!

LE XXe SIÈCLE, SIÈCLE DE LA PAIX

Mathilde PETITPIERRE

PLUS DE GUERRES!

LE XXe SIÈCLE

SIÈCLE DE LA PAIX

LA PAIX RUSSO-JAPONAISE

ET

L'ÉTABLISSEMENT DE LA PAIX GÉNÉRALE

LETTRE ÉCRITE AU TSAR NICOLAS II

PARIS

Aux Bureaux de « La Paix par les Femmes »

117, Boulevard Saint-Michel

1905

A Sa Majesté le Tsar NICOLAS II

Empereur et Autocrate de Toutes les Russies

SAINT-PÉTERSBOURG

SIRE,

Je suis Suissesse et j'ignore l'étiquette des Monarchies; Veuillez me pardonner la forme républicaine de ma démarche au nom de la grandeur de la question que je viens vous soumettre.

PLUS DE GUERRES !

LE XXE SIÈCLE

SIÈCLE DE LA PAIX

I

La Russie et le Japon sont en guerre.

Pour des amis tout à la fois de la Russie et du Japon le spectacle est désolant : voir deux peuples dont l'intérêt commun est de vivre en bons voisins et même amis et alliés perpétuels, voir ces deux peuples en venir aux mains avec un acharnement de folie, les voir s'affaiblir mutuellement, et sentir qu'ils n'ont pas seulement calculé au profit de qui ils s'épuisaient est profondément déplorable !

Or cet affaiblissement ne profite qu'à l'Angleterre.

A qui, en effet, peut-elle servir, cette effrayante hécatombe d'hommes des deux nations ?

Au profit de qui sont engloutis des milliards dans cette guerre monstrueuse et surtout **inutile** qui endette la Russie et le Japon ?

Au profit de qui la destruction de tous ces navires de guerre ? Certes, ce n'est pas de la Russie. Ce n'est pas du Japon, mais toujours de l'Angleterre ! C'est elle qui sera prépondérante en Extrême-Orient et en Orient moyen quand la Russie et le Japon se seront saignés.

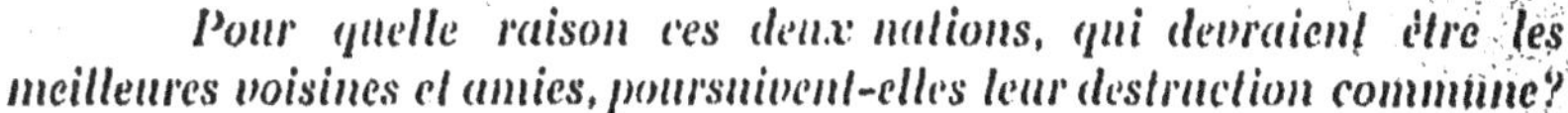

II

Pour quelle raison ces deux nations, qui devraient être les meilleures voisines et amies, poursuivent-elles leur destruction commune?

Parce que le plus élémentaire principe de la civilisation a été méconnu.

La Russie a pris la Mandchourie, territoire de la race jaune, **contre le droit.**

Le Japon reprend la Mandchourie.

Et Vous, Empereur de Russie, Vous le promoteur du premier Congrès de la Paix pour le désarmement, Vous l'initiateur de la Conférence de la Haye, Vous avez pensé que **la Paix** pouvait s'établir par une **politique de guerre** ! Vos diplomates, en votre nom, ont menacé les intérêts du Japon et Vous Vous attendiez à ce que ce dernier répondit par la Paix aux négociations qui ont précédé les hostilités.

Naturellement il a répondu par la guerre ; c'était la plus élémentaire logique de la situation.

Quand on veut et désire la Paix, il faut d'abord pratiquer une politique de Paix. Comme promoteur de la Haye c'était à Vous, Monarque, à imposer à vos diplomates cette politique de Paix. (1)

---

(1) Mars 1905 :

Le Manifeste impérial du 3 Mars 1905 s'exprime ainsi :

« **Il a plu à la Providence, dont les desseins sont impénétrables, de soumettre notre patrie à de pénibles épreuves.** *La sanglante guerre d'Extrême-Orient dans laquelle est engagé l'honneur de*

III

QU'ALLEZ-VOUS FAIRE ?

Le Japon est victorieux. Qu'allez-Vous faire ? Préparer la revanche, envoyer des renforts considérables, occasionner de nouvelles et effroyables hécatombes d'hommes pris dans les deux peuples, dépenser des centaines de millions ajoutés aux milliards déjà perdus, détruire les finances publiques et Vous affaiblir encore davantage, Vous et Votre adversaire, **toujours au profit de l'Angleterre !**

Tout cela, sans être seulement assuré d'être vainqueur. Et même si Vous êtes vainqueur, quel profit en retirerez-vous ? Tout avantage est perdu quand il faut essuyer des mois de défaite avant d'arriver à la victoire. C'est comme l'Angleterre avec les Boërs. Où en est la fière Angleterre ? Qu'est devenu son isolement superbe ? Elle s'imaginait être supérieure aux autres grandes puissances; l'arrogante Angleterre de Fachoda est maintenant trop heureuse que la France veuille bien lui tendre la main à travers l'arbitrage, car deux ans de lutte avec un petit peuple ont démontré sa faiblesse.

Et cette revanche, cette guerre continuée sans profit pour reconquérir le terrain perdu, **pour quelle raison** la poursuivre? Oh, pour un simple préjugé, mais un de ces préjugés qui font illusion parce qu'ils portent de grands noms : Pour **l'honneur de la Russie, le prestige de la Russie !!**

---

la Russie, qui intéresse à un si haut point **notre domination sur les eaux de l'Océan Pacifique,** *qui est d'une* **nécessité si impérieuse** *pour assurer dans les siècles à venir la* **Paix** *et la* **Prospérité** *non seulement* **de notre nation,** *mais de toutes les* **nations chrétiennes,** *a exigé du peuple russe une extraordinaire tension de ses forces et a englouti quantité de victimes chères à notre cœur.*

« Tandis que les glorieux fils de la Russie combattent avec bravoure

Ah ! laissez-moi Vous montrer tout ce que vous sacrifiez à cette fausse idée. Vous compromettez ainsi :

1° — La **grandeur**, la seule **véritable grandeur** de la Russie et un **prestige nouveau** plus grand que celui qu'elle avait avant la guerre.

2° — **Le principe le plus élémentaire de la civilisation.**

---

et abnégation et exposent leur vie pour leur foi, pour le Tsar et pour la patrie, des troubles ont éclaté dans notre patrie même pour la joie de nos ennemis et pour notre profond chagrin. »

La lecture de ce manifeste m'a atterrée. Vos Ministres vous ont probablement dit l'effet déplorable qu'il a causé en Russie.

Quand j'ai lu le paragraphe relatif à la guerre d'Extrême-Orient, à la politique extérieure et cette phrase :

« Il a plu à la Providence dont les desseins sont impénétrables de soumettre notre patrie à de pénibles épreuves », j'ai passé plusieurs heures dans une lutte terrible. J'avais cru me trouver en face d'un Empereur à qui les événements avaient ouvert les yeux, qui percevait

IV

LA SITUATION TELLE QU'ELLE EST

Pour bien comprendre ma pensée, Sire, je Vous prie de Vous **dégager** complètement de toutes vos idées personnelles et de celles de votre entourage sur la guerre Russo-Japonaise, ainsi que de vos idées actuelles sur la civilisation. Je n'ai qu'un but : **exposer sous vos yeux la situation telle qu'elle est, en dehors de toute idée préconçue** ; dès que cette situation vous apparaîtra dans sa réalité, **votre ligne de conduite** s'en dégagera tout naturellement.

Pourquoi avez-Vous créé le Transsibérien ? Pour la guerre ou pour le commerce ?

Si c'est pour la guerre, il sera cause de votre ruine. Si c'est pour le commerce, au contraire, cette artère magnifique reliant l'Europe à l'Extrême-Orient et plus loin au Pacifique en pénétrant toute l'Asie, peut accroître votre grandeur. Il y a là un élément d'échange considérable entre l'Europe et la Sibérie d'une part, le Japon et la Chine d'autre part.

La Chine et le Japon sont donc vos voisins directs sur une grande étendue, c'est d'eux et par eux que Vous avez à attendre le plus grand mouvement commercial et économique, donc Vous avez un intérêt primordial à vivre en excellents rapports.

---

nettement la situation à l'intérieur comme à l'extérieur et qui avait conscience des **fautes** ayant entraîné la guerre ainsi que de celles qui ont amené la situation intérieure actuelle, qui continuait la guerre seulement pour l'honneur ou le prestige de la Russie et à qui je venais exposer, avec une solution pacifique de la guerre servant tous ses intérêts, le moyen de jouer un grand rôle, de faire faire un grand pas à la civilisation ; or je me trouve en face d'un Monarque qui paraît ignorer les véritables **causes** de

Mais Vous avez un intérêt encore plus grand que l'intérêt commercial et économique à entretenir de bons rapports de voisinage avec le Japon et la Chine : **l'intérêt politique.** Le Japon est une grande puissance, il serait reconnu comme tel depuis longtemps s'il se trouvait en Europe. Il possède 48 millions d'habitants, plus que votre alliée la France, et sa force militaire lui est égale, sinon supérieure. Le Japon comparé aux vastes territoires de la Russie Vous a paru infime; ce n'était pas une raison pour le croire insignifiant.

Des rapports de bon voisinage avec le Japon et même une alliance avec lui à laquelle vous auriez pu en joindre une autre avec la Chine, formaient une triple alliance Vous donnant, aux uns et aux autres, grandeur, force et appui réciproque ; c'était pour Vous la suprématie sur l'Asie vis-à-vis de l'Angleterre ; suprématie sur l'Asie que la Russie et l'Angleterre se disputent depuis des siècles. Par ces alliances c'était la suprématie morale assurée sans tirer un coup de fusil, et l'Angleterre n'aurait pas osé entreprendre son expédition au Thibet sous la suzeraineté de la Chine.

Et ces alliances vous apportaient encore plus que la suprématie sur l'Asie : **la suprématie sur la mer.** Votre flotte et celle du Japon unies, quelle force ! Sire, comprenez-Vous maintenant ? Si j'évoque ce tableau c'est afin de Vous montrer en quoi a consisté votre erreur. **Une erreur bien comprise est déjà à moitié réparée.**

Voilà ce que Vous auraient assuré des relations de bon voisinage avec le Japon et la Chine. Le Japon avait si bien compris toute cette situation **qu'avant** de proposer une alliance à l'Angleterre, c'est à Vous qu'il s'est adressé en premier lieu. Qu'en avez-Vous fait ? Vous l'avez dédaigné parce que Vous jugiez le Japon faible et petit.

En occupant la Mandchourie qui appartenait à la Chine et en menaçant le Japon dans ses intérêts vitaux, Vous avez **agi contre vos propres intérêts**, les plus directs ; Vous Vous êtes fait des

---

la guerre dans laquelle est engagé son Empire et qui a devant les yeux, pour son pays et pour la civilisation, la fausse conception que voici :

« La sanglante guerre en Extrême-Orient dans laquelle est engagé l'honneur de la Russie, qui intéresse à un si haut point **notre domination sur les eaux de l'Océan Pacifique**, qui est une nécessité si impérieuse, pour assurer dans les siècles à venir **la Paix** et **la Prospérité**, non seulement de notre nation, mais de toutes les **nations chrétiennes.** »

La solution pacifique de la guerre que je me permettais de vous

ennemis de ceux qui sont vos voisins, avec lesquels Vous auriez dû entretenir des rapports de bon voisinage aussi **étroits** que possible, car tous vos intérêts Vous criaient de faire d'eux des amis, et, bien plus, des alliés !

***

En prenant la Mandchourie, il est un autre intérêt que vous avez sacrifié, supérieur à celui d'un peuple ou de quelques peuples, **c'est l'intérêt de la civilisation. Vous avez méconnu le principe le plus élémentaire de la civilisation, le respect du droit d'autrui.**

Sire, je Vous prie de me suivre avec la plus grande attention car c'est ici la question importante, sur laquelle j'insiste le plus ; question capitale dont la solution jetera sur votre route une lueur nouvelle si brillante qu'elle transformera radicalement votre politique, et de la vieille politique de guerre européenne sortira une politique de Paix :

La Russie a occupé la Mandchourie, **territoire chinois.**

Pourquoi aller prendre le territoire des autres ?

Au vingtième siècle, est-il permis de méconnaître impunément le **droit d'autrui** ? La Chine à la Chine, comme l'Angleterre à l'Angleterre et la Russie à la Russie, c'est à la fois simplicité, justice et vérité.

En 1898, Vous avez demandé au monde le désarmement, la pacification universelle : Vous avez fait réunir un congrès à la Haye pour discuter cette question. Ce congrès était le **premier pas** vers la Paix, quoique la question du désarmement fut prématurée.

---

soumettre donnait en même temps à l'Empire Russe une grandeur qu'il n'avait pas avant la guerre et, de plus, la Paix et la Prospérité amenées non par la **conquête guerrière** comme vous le rêvez, mais par la Paix et par des rapports de bon voisinage avec le Japon. Mais pour que vous puissiez nettement percevoir la grandeur réelle de la Russie qui résulterait de la politique de Paix que je préconise et constater sa réalité, je suis obligée de briser ce faux idéal que vous avez devant les yeux : **la domination de l'Océan Pacifique**, autrement vous pourriez persister dans ce rêve néfaste et perdre de vue les seules réalités : la Paix, la Prospérité et la Grandeur.

Votre manifeste m'a jetée dans une alternative terrible : ou déchi-

Puis les Russes occupèrent la Mandchourie, et s'y maintinrent avec votre consentement nonobstant les traités. N'est-il pas illogique de consentir à une telle violation du droit d'autrui après avoir demandé au monde civilisé le respect et la codification des principes d'équité et de droit qui doivent assurer la sécurité des Etats et le bien-être des Peuples. Si l'Angleterre et les autres nations vont occuper des territoires qui ne sont **pas à eux**, Vous ne devez pas les imiter, Vous êtes même tenu personnellement, moralement, à ne pas les suivre. Quand on entreprend une grande œuvre, il faut être logique et la poursuivre avec logique, sous peine d'encourir la sévère critique de ses contemporains et de l'histoire. Comment voulez-Vous que le désarmement soit possible si Vous violez Vous-même les principes sur lesquels Vous reconnaissez qu'il peut seul se fonder ? Si la guerre de conquête est contraire à toute civilisation, prendre les armes et déclarer la guerre pour son indépendance est le plus légitime des droits. L'homme n'a pas le droit d'assujettir son semblable, et une nation n'a pas le droit **d'assujettir** une autre nation. Tant qu'il existera sur la planète une nation si petite fut-elle, soumise à une autre, le désarmement ne sera pas possible, car elle aura le droit de s'armer pour recouvrer sa liberté et son droit.

La Russie s'est emparée de la Mandchourie **par esprit d'imitation**. Au siècle dernier l'Angleterre s'appropriait les beaux morceaux du globe; les autres nations l'ayant compris, ce fut une course folle d'explorateurs désireux d'apporter à la mère patrie les pays qu'ils avaient découverts. Or, ils ne les ont pas découverts, ils étaient déjà occupés, mais par d'autres races, que l'Europe appelle inférieures ! Et ces malheureux, un beau matin, se réveillaient **sujets** de telle ou telle nation. On pourrait écrire de nombreux

---

rer mon travail et risquer de perdre l'espoir de voir la solution pacifique de cette guerre, solution qui doit faire faire un grand pas à la civilisation, ou être dans l'obligation de vous exposer quelles sont les causes universellement admises de la guerre russo-japonaise. Ce n'était certes pas le rôle que je m'étais assignée dans ce travail, et si, en vue du but que je poursuis, je me résigne à cette impérieuse nécessité, c'est que j'ai la certitude que vous êtes animé d'un très grand bon vouloir et que, lorsque vous êtes renseigné exactement, vous êtes, comme je l'écris à la fin de ce travail, le fils du devoir.

∴

Je n'indiquerai que les **deux causes principales de cette guerre.**

La première, la voici : Vous avez pris la Mandchourie qui

ouvrages sur cette soi-disant civilisation européenne dont l'Angleterre a la prétention de porter le drapeau. Où est l'homme qui peindra les horreurs dont la race blanche s'est rendue coupable ? Albion durant tout le siècle dernier a fait tonner son canon sur les divers points de la planète, foulant aux pieds le droit, la paix, — car le droit et la paix appartiennent aussi à la race jaune et à la race noire, et non pas seulement à la race blanche. La civilisation reprochera à l'Angleterre ses crimes ; elle n'entend pas que l'on se serve de son drapeau pour le traîner dans le sang et pour s'emparer de territoires appartenant à autrui :

Ce n'est pas ainsi que doivent procéder des nations vraiment civilisées.

Suivant le mouvement créé par la « Grande Angleterre » et « l'Angleterre Impérialiste », les autres peuples de l'Europe se sont mis aussi à faire la guerre de conquête et à créer fiévreusement des flottes de guerre sous le fallacieux prétexte de n'être pas dépouillés de leur part, et ainsi la race blanche est devenue une « Race de proie » expression fort juste des Japonais et des Chinois. La France et l'Italie, cependant, ne sont certes pas des races de proie, ayant l'une et l'autre une âme nationale généreuse et chevaleresque. L'Italie est la terre des arts ; la France que l'humanité considère comme étant à l'avant-garde du progrès, a doté l'humanité des droits de l'homme. C'est d'elle et de sa diplomatie que l'on pouvait attendre une initiative pour faire **respecter le droit des peuples** ; on aurait pu penser que l'Italie et la France avaient mieux à faire, en suivant l'une et l'autre l'inclination de leur âme nationale, que d'entrer dans un mouvement **contre** le respect du droit des peuples, c'est-à-dire contre **le droit** et la civilisation.

---

appartient à la Chine et qui est territoire de la race jaune ; Vous avez menacé les intérêts du Japon en Corée, en Mandchourie, et sa sécurité par votre politique d'expansion en Asie **sans vous soucier des** droits de la race jaune, mettant ainsi le Japon dans la nécessité absolue de limiter d'une façon définitive cette expansion qui menaçait ses droits et sa sécurité. Vous n'avez pas à faire, comme les Anglais l'ont eu, à des Indous, ou à des noirs armés de flèches, mais vous avez en face de vous la race jaune, **résolue** à secouer le joug de l'Europe et à défendre ses droits ; le Japon qui est une grande Nation avec 48 millions d'habitants est l'égal de la France ou de l'Allemagne en puissance et en force. Vous portez atteinte aux droits du Japon, il les défend par la guerre, la Russie est ainsi l'agresseur.

La seconde : Vous êtes personnellement mal rensei

Et l'Allemagne aussi nous étonne ; le peuple allemand a fourni au monde la preuve que l'on peut arriver à étendre son commerce et à devenir le sérieux rival de la Grande-Bretagne sur toute la terre, sans flotte de guerre et sans conquêtes territoriales. Quand l'Empereur Guillaume a désiré ardemment la création d'une flotte de guerre, impressionné par les formidables forces navales du Royaume-Uni, il a cru bien servir son pays, mais l'Allemagne à cette heure, était déjà le rival commercial de l'Angleterre et avait montré qu'il suffit tout simplement de contenter son client, pour obtenir ce merveilleux résultat.

Il appartenait à la **diplomatie européenne qui est à la tête des peuples de se constituer la gardienne du droit, de le respecter et de le pratiquer. C'est son rôle et son devoir d'amener dans la politique internationale le respect du droit, la morale et l'honnêteté.**

Au lieu de se mettre carrément en travers du mouvement de conquête de territoire, elle entre dans ce funeste courant. Et, bien plus, elle se met à le régulariser, elle croit accomplir œuvre de civilisation en réglant tous ces appétits barbares, mais elle ne fait qu'œuvre de barbarie. Elle crée : Protectorats, sphères d'influence, hinterlands, territoires cédés à bail, « porte ouverte », « intégrité territoriale de la Turquie », « intégrité territoriale de la Chine », « pénétration pacifique », « autonomie », etc..., et les indemnités iniques imposées et réclamées après les **expéditions politico-militaires** et **l'occupation** en attendant le paiement de l'indemnité, etc... En voilà tout un bagage pour donner un semblant de légalité à la conquête et instituer **l'invasion** et la **conquête déguisées.** Les rivalités des grandes puissances européennes étaient circonscrites à l'Europe, les rivalités par les expéditions coloniales se sont étendues à toute la terre et ont créé la **politique mondiale.**

Sire, et c'est la méconnaissance par la Russie de la valeur du Japon comme grande Puissance et comme force militaire qui est une des principales causes de cette guerre. Si Vous aviez connu la situation du Japon, les négociations qui ont précédé la guerre auraient pris une toute autre tournure et Vous auriez pu arriver à une entente au sujet de vos droits réciproques, car les demandes du Japon étaient équitables et modérées et surtout ces négociations avaient pour but de la part du Japon d'assurer une paix durable en Extrême-Orient.

Ce sont ceux qui ont été l'âme de cette guerre, dont le premier devoir était de connaître la valeur du Japon avant de se risquer dans une guerre, qui Vous ont induit personnellement en erreur ; leur ignorance était plus que de la folie, elle était pure niaiserie ; ils sont criminels, car

La diplomatie européenne depuis une vingtaine d'années tourne dans **ce petit cercle barbare**, étroit, à courte vue ; elle en est venue jusqu'à se fausser complètement le jugement et à ne plus discerner que toute cette politique mondiale est **hors** le droit, et **hors** la civilisation.

Quel est le résultat de cette politique ? Sous le couvert de l'arbitrage, l'Angleterre et la France ont conclu « l'entente cordiale » et leur premier acte a été la violation de l'esprit qui doit animer l'arbitrage : **l'esprit du droit** ; leurs diplomates se sont réciproquement donnés un pays qui **ne leur appartenait pas.** Rappelons-le ici pour montrer le contraste saisissant de cette politique hors civilisation ; c'est la France qui a apporté au monde les droits de l'homme : on pouvait donc s'attendre à ce que ce fut le **diplomate français** qui se mit à la tête d'un mouvement pour faire respecter « le droit des peuples » mais tout au contraire **c'est lui** qui en est venu jusqu'à pratiquer cet acte illégal avec **l'inconscience** complète de l'acte qu'il a accompli contre la civilisation, en ayant son jugement littéralement faussé au point de vue du droit. C'était à la France à entrainer l'Angleterre dans son orbite et non à la France à se laisser entrainer dans celui de l'Angleterre. (1)

La « Grande Angleterre » a causé un triple mal à l'humanité avec la couronne sanglante de sa formidable flotte de guerre, — étalée avec orgueil au jubilé de la Reine Victoria, — portant le feu et le

(1) Je n'entends pas jeter ici une pierre à M. Delcassé. Ces lignes étaient écrites avant l'incident du Maroc et je ne veux pas que ceux qui ont pratiqué la néfaste politique mondiale se servent contre lui des principes de civilisation que je rétablis.

Les diplomaties française et allemande dans cet incident du Maroc ont risqué de gâter la plus belle et la plus haute politique : celle du rapprochement possible de la France et de l'Allemagne qui aurait autrement mieux servi leurs intérêts réciproques que cette petite politique étroite et à courte vue du Maroc.

cette ignorance de leur part a entrainé la Russie dans la plus épouvantable des guerres, sans préparation, et aussi dans la plus monstrueuse et la plus inutile des boucheries, et cela contre tous vos intérêts. Cette horrible hécatombe est **inutile** parce que comme je l'explique plus loin, une politique de paix basée sur des rapports de bon voisinage avec le Japon Vous apportait paix, prospérité et grandeur.

Vous avez personnellement désiré et tenu à la paix et Vous y avez cru pendant les négociations. Mais ce n'est pas tout de la désirer ou d'y tenir formellement. Comme je l'ai dit plus haut, une politique de Paix

sang sur le globe, dépossédant les peuples de leurs territoires, de leur droit à la liberté. Elle a inauguré le vingtième siècle en donnant un soufflet à la conscience du monde civilisé tout entier, qui, pendant deux ans, debout, frémissant, lui a demandé le respect du droit pour un petit peuple. Elle a fait sortir, avec la diplomatie européenne à sa suite, la race blanche du chemin du droit et de la civilisation, dont la **notion a été ainsi faussée**. C'est elle qui est le grand obstacle à la paix dans le monde avec sa soif de conquête et son mépris absolu du droit des peuples. Sans elle et la diplomatie européenne, la paix universelle pourrait s'établir avec une facilité relative. La diplomatie européenne n'est entrée dans ce cercle barbare de la politique mondiale que par esprit d'imitation, car les **peuples** de l'Europe qu'elle représente n'ont pas soif de conquête, bien au contraire. Quand une guerre éclate, tous les peuples offrent le spectacle admirable d'une union parfaite dans la protestation unanime contre le crime du droit violé. Le monde civilisé tout entier a maintenant une **conscience**, mais cette conscience admirable et puissante est paralysée par la diplomatie européenne. **Pour que la Paix puisse s'établir, il faut que la diplomatie européenne respecte le droit et en recouvre la notion ainsi que celle de la civilisation qu'elle a perdue, puis qu'elle amène l'Angleterre à la raison et lui apprenne à respecter le droit.**

La Chine à la Chine, l'Egypte à l'Egypte et le Maroc au Maroc, voilà le droit et voilà la civilisation.

Quand les gouvernements européens **respecteront** le droit, **la question d'Orient** et la **question d'Extrême-Orient** se résoudront d'elles-mêmes ; ces grosses questions **n'existeront plus**, car leur **solution** se trouve tout simplement et tout naturellement dans le respect du droit des peuples. C'est la diplomatie européenne, celle des grandes puissances, qui a **inventé** et **créé** la question d'Orient

---

récolte la paix, et une politique de conquête guerrière récolte la guerre ; Vous prenez la Mandchourie à la Chine, Vous menacez les droits du Japon et Vous attendez fermement la paix, je veux croire que cette faute de logique Vous a échappé.

Et si comme Empereur Vous aviez mis vos actes en accord avec vos désirs de paix, en n'autorisant pas l'occupation de la Mandchourie, Vous auriez épargné à la Russie cet effrayant désastre et cette lamentable campagne. Considérez combien **cette toute petite faute de logique** de votre part comme Empereur a eu des conséquences terribles pour la Russie : et considérez combien **cette toute petite faute de logique** Vous éloigne de

par ses convoitises et ses rivalités ; quand elle aura appris à respecter le droit des peuples et à le pratiquer elle n'aura plus à inventer « l'intégrité territoriale de la Turquie », « l'intégrité territoriale de la Chine ». Et que de malheureuses et pauvres victimes a causé cette néfaste politique de la question d'Orient : 300 mille Arméniens égorgés, sans parler de l'assassinat constant dans les Balkans.

Quand la diplomatie française aura recouvré la belle notion du droit, elle saura se faire l'amie du Maroc et lui apporter tous les conseils et enseignements nécessaires pour sa bonne organisation, sans créer cette phrase sonore ; « La pénétration pacifique » ! sans en recevoir la permission de l'Angleterre et sans se faire avec celle-ci cadeau de pays qui ne leur appartiennent pas. — Quand la diplomatie européenne et surtout l'Angleterre respecteront le droit, point ne sera besoin d'inventer « le principe de la porte ouverte », véritable insolence qui consiste à tenir la porte ouverte chez autrui, à son profit. Les peuples sauront ouvrir leur porte devant la courtoisie, le respect du droit et le commerce honnête.

∴

Le Tribunal de La Haye est la plus admirable des institutions juridiques ; c'est une noble conception qui constitue un acheminement vers la paix et la suppression de la guerre. Mais pour qu'il soit utile il faut que les hommes qui y jugent ne soient pas pris dans la diplomatie européenne, tant qu'elle aura la notion du droit et de la

---

la pacification universelle et du désarmement que Vous demandiez au monde civilisé en 1898.

∴

« NOTRE DOMINATION SUR LES EAUX DE L'OCÉAN PACIFIQUE »

« *Notre domination sur les eaux de l'Océan Pacifique qui est d'une* « **nécessité si impérieuse** *pour assurer dans les siècles à venir* **la paix** *et* « **la prospérité** *non seulement de* **notre nation** *mais de toutes les* **nations** « **chrétiennes.** »

Vous avez deux programmes d'une grande envergure, mais totalement différents.

En 1898, vous demandez au monde civilisé la **Pacification Universelle** et le Désarmement, programme absolument pacifique, excellent et très **juste.**

En 1905, vous parlez de votre domination (pour la paix !!) sur l'Océan Pacifique, programme d'une haute envolée **guerrière.** De Saint-Pétersbourg à travers toute l'Asie, vous voulez dominer sur l'Océan

civilisation faussée, autrement ce serait compromettre et perdre ce tribunal. Il faut qu'il y siège des hommes qui ont conservé intacte cette notion du droit des peuples, autrement le Tribunal de La Haye ne fera que du mal, au lieu de faire du bien.

∴

LA NOTION DE LA PAIX FAUSSÉE

La diplomatie européenne et les gouvernements y compris ceux d'Amérique (1) ont faussé **la notion de la paix.**

Tout en pratiquant leur **politique mondiale**, hors la civilisation et hors le droit, il leur est resté la **vague inconscience** que cette politique n'est pas tout à fait correcte et pour lui donner une couleur de légalité, ils ont déclaré accomplir **au nom de la Paix** tout acte de la politique mondiale contre le droit, contre la civilisation et contre la paix.

Comment en sont-il venus, étant sincères dans leur monstrueuse aberration, ces diplomates qui, dans la vie privée sont des hommes cultivés, jusqu'à jouer la triste comédie que voici :

— Quand ils augmentent leur flotte de guerre, **c'est**, disent-ils, **pour la garantie de la Paix !**

— Quand ils échangent des pays qui ne leur appartiennent pas, **c'est pour la Paix !**

---

(1) Car on a vu avec stupeur l'Amérique adopter les mêmes conceptions et commettre les mêmes erreurs, en faussant les notions de civilisation et de droit.

Pacifique et à ce programme belliqueux, vous collez la gentille étiquette de la Paix ; vous êtes d'une absolue sincérité, mais c'est là qu'est l'effroyable danger, car votre programme n'est pas basé sur les principes du droit. Vous oubliez que la Russie n'est pas le seul peuple, sur la planète, qu'il y a d'autres races et d'autres nations qui possèdent des droits égaux aux vôtres, et si chaque Etat de chaque race voulait se tailler des morceaux d'une dimension pareille, qu'est-ce qui resterait aux autres? Outrepasser ses droits, c'est tout simplement provoquer la guerre.

Un particulier peut s'accorder le plaisir d'avoir des rêves ambitieux, des convoitises démesurées et illusoires, celles-ci étant souvent sans

— Quand ils contractent leurs alliances armées, **c'est pour la paix !**

— Quand ils imaginent **l'équilibre mondial, c'est encore pour la Paix !**

Quand on respecte le **droit,** il n'est pas nécesssaire **d'établir** un équilibre mondial factice et de se transformer en équilibristes de la Paix !!

Diplomates et gouvernants ne voient plus le manque de logique indiscutable de leur raisonnement ; c'est cette **inconsciente aberration** qui devient un effroyable danger pour l'humanité.

Chaque pays est armé jusqu'aux dents ; **il faut être fort ! C'est toujours pour la Paix !**

Il faut être fort, voilà ce qu'un ancien gouverneur d'Indo-Chine vient d'apprendre à la jeunesse française en lui retraçant l'histoire de la race Khmers qui vivait autrefois au Cambodge. Ce pays avait une civilisation très avancée, mais « peut-être le culte de l'art lui a fait négliger le culte de la force nécessaire à qui veut la sécurité et l'indépendance » et les nations barbares l'ont dominé. Conclusion : il faut que la France soit forte et bien armée !

Ce raisonnement était très juste **aux temps de la barbarie** où une nation ayant une civilisation avancée vivait au milieu de voisins barbares, mais à notre époque dite civilisée, ce raisonnement est **faux.**

Toute la question se résume à ceci : vivons-nous dans une ère de barbarie, oui ou non — ou sommes-nous à une époque de civilisation ?

---

conséquence pour l'humanité. **Mais quand on est empereur, c'est différent.**

Vous croyez sincèrement servir la paix et Dieu, mais à la place suprême que vous occupez, **maître après Dieu sur 130 millions d'hommes** et la Russie ayant des rapports avec d'autres nations, il faut plus qu'un sincère désir de paix, il s'agit d'avoir une conception et une perception très nette et très parfaite,

de l'esprit de la Paix,
de l'esprit du Droit,
de l'esprit de la Civilisation,
de l'esprit de la Religion ;

autrement la plus petite faute de jugement ou de logique que vous commettez en n'interprêtant pas dans un esprit exact la paix, le droit, la civilisation

Or, nous sommes à l'époque de la civilisation, nous avons la connaissance de la notion du droit ; quand un être **connait**, il a l'impérieux devoir moral de **mettre en pratique** ses connaissances.

Militarisme et **civilisation** sont deux choses qui s'excluent.

La civilisation, c'est le respect du droit des peuples, et de ce respect du droit découle, comme conséquence toute simple, toute naturelle et toute logique : la paix,

Et la conséquence toute simple, toute naturelle et toute logique de la Paix, c'est le désarmement.

Le Militarisme est un reste de la barbarie avec des instruments perfectionnés; à une époque de pleine civilisation, le militarisme est une anomalie, **un monstre qui n'a plus le droit de vie** et qu'il faut extirper immédiatement et si profondément qu'il n'y ait plus aucune crainte de le voir renaitre.

A l'époque de la civilisation, un peuple de progrès très avancé, n'a plus à craindre d'être dominé par les autres peuples barbares. Les peuples ont la connaissance du droit, et ils ont le devoir d'en **pratiquer le respect.**

Chaque navire de guerre construit, **chaque** crédit voté pour **l'augmentation** des armées de terre ou de mer est un recul, un retour à la barbarie au lieu de servir la paix et d'en être la garantie.

La diplomatie européenne **retourne tout droit à la barbarie.**

---

et la religion, peut avoir une répercussion terrible sur la Russie, la civilisation, l'humanité et le siècle !

Dans le travail que je vous apporte, je rétablis la notion de la paix et de la civilisation, faussée par la politique mondiale.

Cette **domination** sur l'Océan Pacifique vous est quatre fois refusée,

I. — Elle vous est interdite **personnellement**, comme auteur et promoteur du premier Congrès de la Paix de la Haye. Vous avez demandé au monde civilisé la **pacification universelle** et le désarmement. Quand on fonde une œuvre, le plus impérieux des devoirs est d'être **logique** et conséquent avec l'œuvre que l'on a fondée. Vous avez donc le devoir d'être logique et conséquent avec votre grande œuvre.

Vous avez demandé, Sire, la pacification universelle, mais pour conquérir la **domination** sur l'Océan Pacifique il vous faut déployer le drapeau de la guerre et de la guerre de conquête. Tout d'abord ne sentez-

Mais, Dieu merci, sur la terre de la belle France, où la lumière de l'idée brille toujours, il en est qui apprennent à la jeunesse, que c'est du droit que vient la Paix.

A quoi vont aboutir les diplomates en poussant les peuples et l'humanité dans leur course désordonnée hors les chemins de la civilisation? **A des représailles sanglantes** des autres races sur la race blanche.

A force d'entasser iniquités sur iniquités, ils ont forcé la race jaune à se militariser ; ils l'ont forcée à apprendre leurs procédés de destruction ; elle les connait maintenant.

Il faut que les gouvernements et la diplomatie européenne s'arrêtent immédiatement et fassent machine en arrière pour rentrer dans la voie de la civilisation, du droit et de la paix. C'est à la race blanche, qui se donne le titre de race supérieure, qu'il appartient d'établir sur la terre, pour l'humanité, ce règne de la civilisation du droit et de la paix, à les enseigner **par l'exemple** aux quelques peuples noirs, barbares encore, qui sont, non les inférieurs, mais les **cadets** de l'humanité.

Quand la diplomatie européenne respectera le droit, il n'existera plus de rivalités entre les grandes puissances, ni en Europe, ni sur les vastes champs de la terre.

Il faut que ce siècle soit le siècle de la Paix et non le siècle ouvert aux guerres de races et aux représailles sanglantes entre races.

Vous pas combien ce mot de domination **sonne faux** au regard de la pacification universelle ; et puis la guerre de conquête n'a jamais apporté **la paix**, elle est éminemment contraire à la pacification universelle et au désarmement.

II. — Le **droit** et la **civilisation** vous l'interdisent.

Par cette expansion à outrance en Asie et pour conquérir la **domination** sur l'Océan Pacifique, vous voulez interdire aux Japonais d'établir des résidences sur le continent asiatique.

Le Japon est **chez lui en Asie,** il est près de chez lui en Mandchourie.

La Chine le leur permettant, les Japonais ont **aussi le droit** le plus absolu de s'établir en Mandchourie.

Par quelle erreur étrange en êtes-vous venu à penser que vous pouviez seul vous installer chez les autres peuples et interdire aux Japonais de faire en Chine ce que la Chine leur permettait.

Ces idées étaient déjà révoltantes au temps de la barbarie. Sommes-

Il faut que dans ce siècle soit résolu pratiquement le problème de la Paix et l'établissement de la Paix par le Droit, c'est-à-dire **procéder** à la libération des peuples assujettis. Il y a de l'ouvrage sur le métier pour Messieurs les diplomates, car il y a à réparer toute la mauvaise besogne qu'ils ont faite au siècle dernier pour pouvoir arriver au désarmement graduel et final.

Dans leur étrange erreur, ils se sont imaginés que ce sont leurs conquêtes franches ou déguisées et les guerres de spoliation des siècles précédents qui fixeraient définitivement la carte du monde pour l'humanité future.

L'humanité veut la paix et ce n'est pas à une poignée de diplomates à lui barrer la route de la Paix par leurs fausses conceptions. Leur politique mondiale et leur équilibre factice ont jeté la politique d'aujourd'hui dans un inquiétant gâchis, accompagné d'armements excessifs et inutiles. Qu'ils méditent ceci :

Il n'y a pas de paix possible tant que des peuples seront assujettis à d'autres peuples.

Il faudra rendre ce qui a été pris injustement car tous les peuples de la planète ont le droit le plus absolu à la liberté, et tout peuple **assujetti** à un autre peuple est une monstrueuse anomalie, que ni le droit, ni la civilisation ne tolèrent.

Le désarmement final n'est pas possible tant qu'il restera un peuple qui n'aura pas recouvré sa liberté absolue, car il a le droit de s'armer pour reconquérir le plus incontestable de ses droits : la liberté.

---

nous des civilisés, oui ou non ? Si vous pensez que nous le sommes, alors respectez le droit des peuples, qui s'appelle la civilisation.

III. — **Le droit international** s'oppose à votre projet de domination sur les eaux de l'Océan Pacifique.

Il proclame qu'aucun pays n'a le droit de domination sur les mers : l'Océan et les mers doivent être libres.

IV. — **Et la religion,** elle aussi, vous interdit cette domination toute guerrière et contraire à toute paix. Dieu a dit : « Tu ne tueras pas », il a dit aussi : « **Tu ne déroberas pas.** »

Et si vous croyez que Dieu vous a donné une mission en Asie songez que Dieu confère des missions d'amour et de paix, mais non des missions guerrières. Dieu a dit dans la nuit de Noël en envoyant son fils au monde : « Paix sur la terre et bienveillance envers les hommes », et cette

Donc, il faudra **rendre** ; bien naïfs sont ceux qui, sans en mesurer la portée et sans en prévoir la conséquence, ont asservi d'autres peuples, violant le droit absolu qu'ils avaient d'être **chez eux** et d'être leur propres maitres.

Cette perspective inévitable effarouchera les nations qui ont le plus foulé le droit, — c'est regrettable pour elles — Elles n'ont qu'à s'habituer à cette pensée et à avoir l'habileté de se faire des amis des peuples qu'elles ont assujettis, en attendant l'heure de l'échéance. Qu'elles le veuillent ou non, de bon ou de mauvais gré !... l'humanité passera par le chemin du progrès, du droit, de la civilisation et de la Paix.

C'est en ce siècle, qui sera celui de la Paix, que se fera tout naturellement la retouche légitime et équitable de la carte du monde en rendant la liberté à tous ceux à qui elle a été arrachée. Mais comme tout progrès, il s'opérera lentement et sûrement, sans secousses, insensiblement.

Il sera procédé **graduellement** à la libération des peuples assujettis. L'un après l'autre, ils retrouveront patrie, liberté et plus encore, leur âme et langue nationales, qu'on leur avait ravies, suprême outrage, inutile vexation que le vainqueur barbare voulait leur infliger, en les dénationalisant.

Que les Peuples vaincus, qui ont connu toutes les douleurs et toutes les insultes, lèvent la tête ! l'aurore de la délivrance est proche, elle n'est point un leurre, c'est la conscience de l'humanité qui leur apporte la libération !

---

parole sublime s'est répercutée dans les cieux des cieux, elle a même retenti à nos oreilles, à travers vingt siècles.

Sire, n'avez-vous pas entendu cette parole de Dieu : « Paix sur la terre et bienveillance envers les hommes. »

Dieu n'est pas seulement le Dieu de la race blanche et des « nations chrétiennes » comme vous les appelez. Dieu est le Dieu de **toutes les races**, il est le Dieu de la terre entière. Dieu est un Dieu d'Amour qui aime les autres hommes à l'égal des blancs et des nations chrétiennes. Il a créé la terre pour les gens de toutes couleurs et pas seulement pour les blancs, et il entend que les jaunes et les noirs aient aussi leur portion de territoire sur la terre. Il veut la paix et la prospérité **également** pour toutes les races, et non pas la Paix et la Prospérité **seulement** pour la nation Russe et les « Nations chrétiennes » **comme vous en faites votre idéal et votre rêve.** Idéal qui n'est conforme ni à la religion ni à la civilisation ni à la paix.

∴

Pas d'illusions ! toute cette œuvre d'un siècle, si grandiose qu'elle apparaisse, n'est que le premier pas vers la civilisation ; les siècles futurs aboliront les frontières entre peuples, restes de barbarie, qui sont dus à l'accroissement de petits « clans », obligatoires dans les temps primitifs et ayant puisé leur raison d'être dans la lutte pour la vie sauvage, mais ces causes n'existent plus aujourd'hui. Les frontières abattues transformeront les divers peuples de la terre, en une seule famille, la grande famille humaine!

∴

Il est donc nécessaire qu'un congrès accomplisse immédiatement l'œuvre suivante :

Formation d'une commission permanente payée par tous les Etats, qui s'occupera de l'ensemble des questions relatives à l'établissement de la Paix pour les étudier et en assurer l'application. Pour l'exécution de cette tâche, il faudra en premier lieu :

I.— Chasser énergiquement toute idée fausse de la diplomatie européenne ;

II.— Apprendre à la diplomatie en fonction, le respect et l'application du droit des peuples.

III.— Arrêter toute conquête franche ou déguisée sous n'importe quelle forme.

IV. — Codifier « le droit des peuples » pour la protection des peuples de race rouge, noire, jaune et blanche, qui tous et chacun peuvent prétendre à un égal respect de leurs droits.

V. — Surveiller toute infraction au « droit des peuples ».

VI. — Arrêter, en principe, toute augmentation d'armements de terre et de mer.

Je ne pensais pas faire entrer la religion dans ce travail, mais dans votre manifeste vous dites : « (Les Soldats) exposent leur vie pour leur foi », Ici votre erreur est énorme ; la guerre actuelle n'est nullement une guerre de religion. La foi du soldat russe n'est nullement menacée, la Chine ne demande qu'à être tranquille chez elle et le Japon n'a rien tenté contre la religion et la foi en Russie.

Mais... et ceci est une tout autre question : si vous croyez que Dieu

L'Etablissement de la Paix par le Droit, et le désarmement graduel comportent deux questions qui doivent **marcher de pair.**

Il faut que le premier Congrès, en prévoie un second à date rapprochée, qui visera à **l'étude immédiate** de cette double question : l'établissement de la Paix par le Droit, c'est-à-dire la libération graduelle des peuples assujettis et le désarmement graduel, **dans ce siècle.**

Si un ou quelques Etats n'adhéraient pas au congrès, ce qui n'est pas à prévoir, car il faudrait un triste et lamentable courage pour retarder, en s'y opposant, l'établissement intégral de la civilisation, cette ou ces abstentions ne doivent pas empêcher le congrès de se réunir et d'agir. **Dans ce cas** les puissances adhérentes doivent former une ligue d'Etats Unis pour l'établissement de la Paix en attendant l'adhésion de ceux qui par leur abstention se seraient placés hors la civilisation.

Les siècles à venir auront leurs problèmes à résoudre et nous pouvons déjà entrevoir quelques-uns de ceux-ci ; mais il appartient au nôtre de résoudre le problème de la Paix. Alors, ces beaux vers de Béranger trouveront leur application : « Peuples, formez une sainte alliance, et donnez-vous la main !

∴

Mais... Sire, Vous ne pouvez poursuivre à la fois deux programmes qui s'excluent l'un l'autre.

Le **programme guerrier** qui aura pour conséquence des guerres de races et des représailles sanglantes, et qui compromet vos propres intérêts.

---

vous a donné une mission en Asie concernant votre foi, cette mission là, il n'entend pas, non plus, que vous l'accomplissiez avec le drapeau de la guerre en dépossédant les autres de droits qu'il leur a donnés égaux aux vôtres.

Si vous jugez qu'il vous a donné une mission en Asie, c'est pour l'accomplir avec le drapeau de la paix.

∴

Vous croyez que votre **domination** sur l'Océan Pacifique est « une nécessité impérieuse pour assurer **la paix** et la **prospérité** dans les siècles à venir ». **C'est tout le contraire.** Vous conduisez tout droit l'Europe à une **guerre de races.**

Et le **programme de la pacification** universelle et du désarmement, le noble, le bienfaisant, le sublime, programme qui fera du vingtième siècle le siècle de la Paix et qui, de plus, assurera la grandeur de la Russie.

Il y a là une nécessité qui s'impose à Vous : optez pour l'un ou pour l'autre.

L'indécision dans le choix ne parait pas possible. **Si** Vous renoncez au programme guerrier et que Vous assuriez la paix en Extrême-Orient, alors c'est à Vous qu'il appartiendra de soumettre au congrès les principes de civilisation, et ainsi Vous pourrez reprendre la grande œuvre que Vous avez commencée à La Haye et avoir la gloire de la continuer.

∴

La Paix n'est pas une **chimère**, elle est la **conséquence** toute simple, toute naturelle et toute logique du respect du droit, et ceux qui raillent la paix, ne font que la triste besogne d'enrayer le progrès. Mais le progrès, malgré les moqueurs, a accompli de siècle en siècle, sa marche lente mais sûre.

La Russie avec son immense étendue occupe le sixième de la Terre, elle a 130 millions d'habitants et d'immenses territoires à **mettre encore en valeur.**

La race jaune compte 500 millions d'habitants !! Son territoire est beaucoup **moins vaste** que le vôtre et vous allez encore prendre la Mandchourie à la race jaune, vous voulez encore empiéter sur les droits de la Chine et du Japon pour dominer sur l'Océan Pacifique. Si quelqu'un pouvait avoir des droits sur l'Océan Pacifique, ceux-ci appartiendraient naturellement au Japon ou à la Chine. La Russie occupe beaucoup plus de territoire pour ses 130 millions d'habitants que la race jaune qui en a 500 millions.

Si l'Angleterre s'est emparée d'une portion énorme du globe, elle l'a prise sur de pauvres noirs et Hindous sans fusils et sans obus pour se défendre, et ses faciles conquêtes n'en sont que plus honteuses. Son **empire**

V

FAIRE DU VINGTIÈME SIÈCLE LE SIÈCLE DE LA PAIX

Le vingtième siècle a été inauguré par deux grandes guerres monstrueuses chacune dans leur genre. La guerre anglo-transvaalienne est un grand crime; la guerre russo-Japonaise est révoltante par son inutilité. Ce siècle verra la continuation abominable de la guerre et de la conquête, ou il pourra être le siècle de la Paix et de la Pacification universelle ; mais pour qu'il devienne le siècle de la Paix, il faut que **quelqu'un** le dirige dans la voie de la paix et de la civilisation. Et ce quelqu'un !!... Sire, en me lisant, est-ce qu'un grand cri de joie n'est pas parti de votre cœur, disant : « ce **quelqu'un** peut être **moi** ». Oui, Vous Monarque, à cette heure terrible où la civilisation et la Russie traversent une crise suprême, c'est Vous **seul** qui pouvez la dénouer ; c'est l'heure où Vous pouvez donner libre cours à Vos aspi-

---

est **factice** parce qu'il repose sur le droit violé et c'est là que sera le châtiment de ses crimes. Quant à vous, votre situation est toute différente, vous êtes en face de la race jaune, dont une partie est déjà admirablement armée et **résolue** à secouer le joug de la race blanche, Le Japon a cru nécessaire de se militariser pour se mettre à l'abri des iniquités de la diplomatie européenne et vous avez pu juger à quel point il est admirablement organisé ; la Chine est en train de se militariser aussi pour protéger elle-même sa propre neutralité. Dans le cas où vous arriveriez à remporter une victoire sur le Japon, elle ne serait jamais que temporaire, on n'anéantit pas une grande puissance comme le Japon qui est l'égale de la France ou de l'Allemagne.

rations personnelles pour la paix; c'est l'heure où il s'agit pour Vous d'être logique, et Vous êtes engagé personnellement à l'être par la grande œuvre que Vous avez inaugurée en 1898 en vue de la pacification universelle.

Pour cela, Sire, brisez ce cercle barbare de la néfaste politique mondiale où la diplomatie européenne est enfermée ; créez un **courant nouveau**, opposé à celui de l'Angleterre et de la diplomatie européenne. **Rendez** à la Chine la Mandchourie qui lui appartient. **Par cet exemple**, Vous ferez faire un grand pas à la civilisation ; alors Vous pourrez réclamer du monde civilisé, de s'arrêter dans la voie de la conquête, de renoncer définitivement aux guerres de conquête ainsi qu'à toute conquête déguisée sous tout autre titre.

C'est Vous qui avez été l'auteur du premier congrès de la Paix à la Haye ; c'est Vous qui serez l'artisan, sinon d'un second congrès puisque le Président Roosevelt en a déjà pris l'initiative, mais de son succès. Quand on veut extirper un mal il faut procéder comme le forestier qui veut préserver la forêt d'une plante nuisible ; il porte son effort vers la base ; c'est vers le pied et la racine qu'il dirige ses coups. Proposer dans un congrès de la paix « le droit et le devoir des neutres », c'est comme si le forestier coupait les petites branches du haut de l'arbre ; ce n'est pas d'elles qu'il faut s'occuper, elles tomberont avec lui. Pour amener la Paix c'est d'abord aux causes de la guerre qu'il faut s'en prendre ; or une des principales c'est **la conquête des territoi-**

La Russie peut avoir un effectif de 4 millions d'hommes sous les armes, mais la Chine peut en lever aisément 12 millions ! Celle-ci n'aurait que faire d'une si prodigieuse armée, quelques millions lui suffiraient et unis à ceux du Japon ils sauraient faire respecter leurs droits. Le maréchal Waldersee disait qu'en peu d'années il transformerait l'armée de Chine en une armée de valeur. Si vous persistez dans cette politique de conquête *c'est une guerre de races que vous déchainez et il n'est pas difficile de calculer que la supériorité du nombre est écrasante du côté de la Chine.*

Le **Péril jaune** n'a **jamais existé, il n'existe pas en fait**, la Chine étant la nation la plus antimilitariste du monde, elle ne désire qu'une chose, être tranquille chez elle et voir ses droits respectés. Mais si l'Europe et la Russie persistent dans leur injustice, leur iniquité et leur manque de respect des droits de la race jaune, ce sont elles qui auront créé de **toutes pièces** le « Péril Jaune » et la Russie en pâtira la première, car pour le Japon ce serait un jeu de faire l'éducation militaire de quelques millions de Chinois.

Avec cette politique de guerre de conquête vous faites entrer le

res contre le droit. Au vingtième siècle il est grandement temps de respecter le « droit des peuples » d'abolir la guerre de conquête, qui engendre les représailles, puis les répressions, contre ceux qui ont été assujettis et qui veulent recouvrer le plus élémentaire de leur droit, la liberté. De la politique de conquête découle encore la rivalité des grandes puissances, qui est elle-même cause de conflits.

Sire, plus de conquête franche ou déguisée au début du vingtième siècle, **portez ce premier coup de hache à l'arbre de la guerre.** Et que la diplomatie européenne le sache bien, ce n'est que le premier pas vers la civilisation et vers la pacification, mais au moins si le vingtième siècle le voit à son aurore, il marquera le commencement d'une ère de la Paix et probablement du désarmement.

---

siècle dans une guerre de races ; considérez combien vous êtes loin de la pacification universelle demandée par vous au monde civilisé.

Cette domination toute guerrière sur l'Océan Pacifique au lieu d'apporter la paix et la prospérité **compromet** la paix et la prospérité à venir.

La guerre de conquête n'a jamais engendré la paix ; elle engendre la guerre, les représailles, les légitimes révoltes, les répressions sanglantes et iniques, la haine enfin. C'est la **liberté** et la **Paix** qui apportent la prospérité aux nations.

Vous pensez qu'une porte ouverte sur le Levant pour votre Commerce maritime est une nécessité impérieuse ; cette opinion est discutable car les peuples qui sont dans le centre des continents font leurs affaires aussi bien que ceux qui sont sur les côtes. Le Japon et la Chine sont de fait sur la mer Jaune et le Pacifique, c'est leur avantage ; vous avez aussi le

VI

HUMANITÉ

Si Vous avez bien compris la situation que j'ai essayé de Vous dépeindre, Sire, Vous pouvez déjà apprécier ce que devra être votre ligne de conduite.

Qu'allez-Vous faire?

En Mandchourie 700 mille hommes sont concentrés. Oh ! Sire, c'est ici que je Vous demande : pourquoi?

Pourquoi? Pour se massacrer ! 700 mille hommes en face l'un de l'autre qui ont pour mission de se tuer avec furie dans des conditions horribles avec des moyens épouvantables : Obus, lydite, grenades, baïonnettes. Ah ! l'horrible carnage, ah ! l'horrible boucherie humaine, que d'héroïsme ! Que de courage, que de douleurs

---

vôtre dans d'autres domaines. Si vous entreteniez des rapports de bon voisinage avec le Japon et la Chine, ceux-ci vous convieraient à partager leurs avantages, à titre de réciprocité, et vous établiriez ainsi une prospérité florissante réciproque, qui assurerait à jamais la paix.

Si vous viviez avec les Japonais et les Chinois en bon voisin et que vous vous en fassiez des alliés, il n'y aurait aucune impossibilité à ce que vous puissiez posséder avec leur assentiment, des ports sur le Levant pour votre commerce maritime. Ce serait même tout à fait naturel. Avec des procédés gracieux on obtient toutes les faveurs ; avec la guerre vous ne faites que ruiner le Japon et vous ruiner vous-même, à la grande joie de vos ennemis et à leur profit.

physiques et morales, quelle effroyable somme de douleurs pour la plus inutile des guerres !

Sire, avez-Vous pensé au spectacle navrant des champs de bataille après le combat ; à tous ces hommes affreusement mutilés, à leurs souffrances ; avez-Vous pensé aux mourants, à leur solitaire et lugubre agonie ; Vous êtes-Vous penché sur leur cœur, et avez-Vous senti l'étreinte d'indicible angoisse quand leur dernière pensée se reporte vers le pays, vers le foyer où la femme et les enfants resteront seuls, à jamais seuls, sans lui, leur soutien, lui qui luttait dans la vie pour leur apporter pain et gîte ? Etes-Vous descendu dans la vie des humbles, avez-vous connu leur affreuse misère ? Ah ! comme ils inspirent toute la tendresse de ceux qui ont un cœur, ces humbles, si courageux, si patients, si endurants ; ces humbles ont un cœur comme Vous et nous, ils connaissent les grandes affections et les grandes douleurs et les grands deuils ; quand la mort vient à leur foyer, elle laisse aussi dans leurs cœurs, comme au Vôtre et au nôtre, un vide affreux ; mais le mourant qui expire sur les champs de bataille de Mandchourie sait que, pour les siens, s'ajoute à ce vide affreux du cœur, le sombre et morne désespoir de la misère ; quel indicible adieu à ces êtres qu'il aime et qui vont cruellement souffrir de sa perte.

Sans doute, Sire, Vous aimez la vie ! et ces hommes que Vous envoyez à la mort l'aiment aussi. Que faites-Vous de cette voix qui depuis plus de vingt siècles répète constamment à l'humanité « Tu ne tueras pas ». Vous savez qui a donné ce commandement

---

∴

La logique est implacable et on subit toujours un peu plus tôt ou un peu plus tard la conséquence de ses fautes et si les desseins de Dieu vous paraissent impénétrables, c'est que je crains que les erreurs commises ne vous aient pas encore ouvert les yeux.

La crise intestine est venue aggraver la crise du dehors parce que là aussi, les fautes intérieures sont venues s'ajouter aux fautes extérieures ; le peuple n'a pas l'instruction primaire obligatoire, et il n'est pas libre ! Dans les grandes épreuves de la patrie, **l'ouvrier** des autres pays ne fait qu'un avec le gouvernement parce qu'il sait qu'en défendant la liberté de son pays, c'est la **sienne propre** qu'il défend. En Russie, au contraire, l'ouvrier n'a pas d'indépendance et quand le régime qui lui prend sa liberté traverse une crise, il en profite pour chercher à recouvrer la sienne à laquelle il a rigoureusement droit, et la révolution gronde sourdement. En Russie, de ce fait, la cohésion morale n'existe pas entre le trône et le peuple.

impératif. La civilisation a la même exigence. De quel droit envoyez-Vous ces hommes à la mort ? La religion et la civilisation le défendent ? C'est encore la barbarie qui Vous le permet. Ne pensez-Vous pas qu'il est temps que l'ère de civilisation commence et que les guerres finissent avec leur hideux cortège de douleur, de mort, de désespoir, de liberté arrachée, de feu et de sang, chassant de leurs demeures détruites, de leur cher foyer, vieillards, femmes, enfants, ces infirmes et ces petits, fuyant la grêle d'obus sur les grands chemins, éperdus, terrorisés par la peur et sans gîte? Assez, assez de ces tableaux déchirant le cœur, c'est l'infâme entassé sur l'infâme !

Permettez-moi de vous rapporter ces belles paroles d'un journaliste français qui sont en accord avec ce que je viens de vous dire :

« Pour nous, pour lui (l'Empereur), pour la Russie, je voudrais que son esprit **s'ouvrît enfin à la leçon des évènements**, qu'il vît clair en lui-même, en son peuple, et que l'audace lui vînt au cœur de dire ces deux mots fièvreusement attendus : la Paix, la Liberté ! ..»

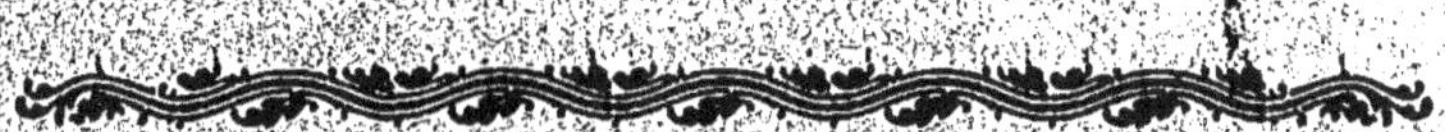

VII

LA REVANCHE

Le Transsibérien transporte sans trève en Mandchourie hommes, canons, munitions. Dans les chantiers on construit avec fièvre des navires pour former des escadres, une activité dévorante règne partout pour organiser de puissantes armées.

La Revanche! c'est donc elle que Vous préparez, Vous voulez reconquérir la Mandchourie et Port-Arthur.

Premier point à envisager : Etes-Vous sûr que la revanche Vous apportera la victoire ? On peut nettement répondre à cette question : Vous n'en avez aucune certitude. Nul ne peut prévoir le résultat de cette tentative. C'est donc folie de l'entreprendre, quand il y a possibilité de faire des propositions de paix non seulement honorables mais qui Vous donneront, à Vous personnellement, une incomparable autorité et à la Russie une situation internationale des plus enviables.

Permettez-moi cependant de Vous faire le tableau de la revanche dans les meilleures conditions.

Admettons que Vous repreniez la Mandchourie et Port-Arthur.

Réduire à néant le Japon est aussi inadmissible que réduire à néant la France, car le Japon est une grande puissance, et, de plus, une grande puissance insulaire.

Devant la victoire des Russes, l'intérêt des Jaunes est d'être unis. La Chine réorganise son armée. Réorganisée et simplement à l'effectif de paix, l'armée chinoise est un appoint apporté à l'armée japonaise qui suffit à tenir la Russie en échec à jamais.

Vous devrez toujours compter avec la revanche du Japon.

Il faudra fortifier les frontières, tenir une armée sur pied de guerre, jeter là encore des milliards.

La Russie a un impérieux besoin de Paix afin de pouvoir s'occuper en toute tranquillité de ses réformes intérieures et mettre en valeur ses immenses territoires.

La Mandchourie reprise par Vous serait la **pomme de discorde** entre la Russie et la race Jaune.

Au point de vue politique, **Vous commettriez une faute lourde** en poursuivant l'idée de revanche. Cette guerre continuée vous affaiblirait, Vous et Votre adversaire au profit de l'Angleterre.

VIII

Maintenant, permettez-moi de Vous présenter le tableau d'une politique de paix et de ses conséquences.

Renoncez complètement et absolument à la revanche, **arrêtez immédiatement** la guerre avec des propositions de paix envoyées à l'Empereur du Japon.

Il faut que celui-ci comprenne **ce point capital** : les propositions que Vous lui faites ne sont dictées ni par le sentiment de la défaite, ni par celui de revanche possible ou de victoires à venir ; mais dictées par deux sentiments plus élevés **d'humanité et de civilisation.**

I. — **D'humanité !** Cette guerre monstrueuse où se trouvent face à face 700 mille hommes qui, après leurs devanciers, vont se massacrer, vous fait horreur, et vous demandez au nom des sentiments d'humanité l'arrêt immédiat de la guerre.

II. — Vous faites des propositions de paix au nom de la **civilisation.** Vous tenez à rendre la Mandchourie à la Chine, cause de cette campagne, Vous voulez faire faire un pas décisif à la civilisation en rendant un territoire occupé contre le droit. Vous abandonnez toute idée de revanche dans l'avenir sur la Mandchourie et Vous renoncez à obtenir, par la conquête, des ports libres de glace sur la mer Jaune et l'Océan Pacifique, ports dont vous jugez cependant la possession impérieusement nécessaire pour le débouché de votre grand Empire sur le Levant.

Mais, en compensation de cet abandon, vous demandez au Japon son alliance, alliance perpétuelle, étroite autant qu'elle doit l'être entre deux voisins, dont tous les intérêts sont confondus : intérêt commercial, économique, politique, maritime : donc alliance commerciale et politique mais purement défensive parceque sa nature n'est pas celle d'une alliance guerrière, ni même de paix armée.

Puisque Vous rendez la Mandchourie à la Chine, cette alliance doit placer celle-ci sur le même pied que le Japon et la Russie, la Chine et le Japon formeront une triple alliance.

En rendant la Mandchourie non à un ennemi, mais à un voisin ami et allié, elle n'est pas perdue pour Vous. Dans de telles conditions, Vous y êtes comme chez Vous, pourvu que ce soit sans abus et sans arrière pensée.

Par cette politique d'abandon et de paix que Vous adoptez dans l'intérêt de la civilisation, Vous apportez au Japon et à la Chine, le respect de tous leurs droits et de leurs intérêts ; le Japon désirait sa sécurité absolue et la sécurité de ses intérêts en Corée ; pour le Japon, l'objet de cette guerre est la garantie de la Paix permanente, Vous la lui donnez, Vous le laissez libre, quant à la Mandchourie, de s'entendre avec la Chine pour ce qui le concerne.

Le Japon et la Chine respecteront aussi vos droits et vos intérêts. Vous avez englouti des centaines de millions dans le chemin de fer de Mandchourie, il est donc votre propriété ; mais il est sur territoire chinois ; ce chemin de fer sera placé sous le contrôle des trois puissances, Russie, Japon et Chine. Vous avez sacrifié pour le respect de leurs droits ce que Vous considériez comme une impérieuse nécessité pour la Russie, une porte ouverte sur le levant pour son commerce maritime ; le Japon et la Chine s'entendront certainement pour Vous offrir, à titre de bon voisinage, d'amis et d'alliés, des ports libres de glace, débouché pour votre commerce maritime sur la Mer Jaune et l'Océan Pacifique et Vous en donneront la jouissance que Vous rémunérerez selon leur désir. Quant à votre flotte de guerre, comme c'est la flotte amie et alliée, ils auront tout intérêt à Vous offrir un port pour l'abriter.

Cette triple alliance, doit avoir pour origine, pour base **le voisinage** immédiat de ces trois pays, et pour but de vivre désormais en bon voisinage, avec, pour garantie du respect des intérêts réciproques, une alliance aussi étroite que possible qui donnera en même temps à chacun, grandeur, force réciproque et prospérité.

Le point capital sur lequel j'insiste le plus, c'est que les frontières entre ces trois pays ne soient ni fortifiées, ni gardées militairement ; la paix que vous aurez conclue reposera sur le respect de vos droits et de vos intérêts, elle sera donc durable. Il n'en faudra pas perdre le bénéfice ; par conséquent en aucun cas, **elle ne doit être la paix armée**, comme la paix conclue entre la France et l'Allemagne qui, au lieu d'unir leurs deux génies en se faisant des concessions réciproques, sont séparées par les fortifications et les armées qui couvrent leurs frontières.

Avec l'indemnité de guerre, j'aborde ici la grosse difficulté du problème. Mais je ne l'aborde que pour Vous faire remarquer que devant la **nature de la paix** que vous concluez en respectant vos droits réciproques et en devenant alliés, presque toutes les conditions désavantageuses de l' « indemniné de guerre », conditions économiques et politiques, tombent ici d'elle-mêmes.

Il ne reste que la couverture pour frais de guerre : cette question peut être portée devant le Tribunal de La Haye, mais il est infiniment préférable que vous la régliez entre vous. J'engage vivement la Russie et le Japon à user des procédés les plus gracieux l'un envers l'autre, et à faire tous les sacrifices nécessaires pour s'entendre et arriver à l'alliance; car ces sacrifices **actuels**, Vous les retrouverez au **centuple** plus tard par la prospérité et la force que Vous donnera cette alliance.

Je ne puis assez le **répéter**, faites maintenant de part et d'autre, tous les sacrifices à cette alliance.

Elle aura des résultats énormes pour Vous, à tous les points de vue. C'est la paix en Extrême-Orient, la sécurité absolue à jamais garanties. Vous êtes tous trois **isolés** et **ennemis**, et Vous voilà d'un seul coup, tous trois amis et unis, et cette union Vous place **chez vous en Extrême-Orient**.

Quant à la porte ouverte au commerce étranger en Mandchourie, cette question sera à discuter entre les trois alliés : Russie, Japon, Chine, qui seront libres d'agir comme il leur conviendra étant chez eux.

Cette triple alliance **doit être absolument et complètement indépendante de l'alliance du Japon et de l'Angleterre.**

L'Angleterre ne doit figurer en aucune façon dans cette alliance : Ici il ne faut pas oublier la logique. L'Angleterre qui est à l'autre bout du globe n'a rien à voir dans cette alliance **de bon voisinage, alliance qui doit protéger moralement** les peuples de l'Asie contre l'injustice des Européens.

Faites-vous l'**ami** des Asiatiques et non leur conquérant, et que la Paix et la civilisation viennent d'Asie puisque la diplomatie européenne en a perdu la notion.

J'aurais désiré que ce fût la France que j'aime tant qui apportât au monde le respect du droit des peuples et la **Paix.**

∴

Ce que vous rapportera cette politique de Paix.

Il n'est pas difficile de le saisir :

1° D'abord la Paix, avec tous ses bienfaits, et la paix **non armée**, entre alliés, avec ses économies énormes.

2° La sécurité absolue, vous pourrez rentrer chacun chez vous et travailler à cicatriser la grande plaie nationale et à restaurer vos finances.

Avec la Paix et la sécurité vous travaillerez en toute tranquillité à la mise en valeur de vos immenses territoires et vous vous livrerez à un commerce qui, aidé par les avantages que se conféreront réciproquement la Russie, le Japon et la Chine, deviendra florissant. D'où prospérité commerciale et économique commune.

Au point de vue politique, le résultat de cette triple alliance sera considérable ; isolé et ennemi, aucun des peuples n'était libre **chez lui**, ce qui était pourtant son droit, dans cette Asie Extrême-Orientale en face des rivalités de l'Europe et du défaut de respect dont elle fait preuve à leur égard. En outre, cette triple alliance rétablit le droit, vous place chez vous en Extrême-Orient, et vous y affermit.

Cette triple alliance vous apporte par vos flottes de guerre unies la suprématie sur la mer Jaune et le Pacifique jusqu'à ce que la diplomatie européenne ait appris à respecter le droit.

Cette triple alliance vous garantit encore la suprématie sur l'Asie et procure aux Asiatiques une protection morale contre les iniquités de l'Europe. Elle l'obligera à respecter le droit des peuples asiatiques, elle amènera l'Europe à faire son commerce sans flotte de guerre et à cesser cette guerre de race.

Comparez les résultats de cette politique de paix avec ceux de la politique de guerre que vous avez suivie jusqu'ici.

La politique de guerre pour vous, c'est la ruine, et la politique de Paix, c'est la prospérité et la grandeur.

Le bilan peut ainsi se résumer : Paix, sécurité, prospérité commerciale et économique, force politique réciproque et économie considérable par la paix non armée entre vous.

⁂

Vous êtes trois voisins, arrangez-vous entre vous, ne laissez pas l'Europe intervenir dans vos affaires de voisinage. Si c'est la diplomatie européenne qui termine cette guerre en offrant sa médiation, elle règlera les conditions de la paix, non dans ce sens de la paix et de la civilisation basée sur des relations de bon voisinage et sur le respect des droits de chacun, mais dans le sens de sa politique mondiale qui ne conduit pas à la Paix définitive. Elle vous fera perdre le bénéfice énorme de cette triple alliance qui est la Paix non armée et la sécurité absolue, basée sur des rapports de bon voisinage.

⁂

Par votre exemple, l'empereur Guillaume pourrait prendre le courage d'une initiative de rapprochement avec la France dans le sens de votre rapprochement avec le Japon, c'est-à-dire par des concessions réciproques. Vous n'y perdriez rien, l'ami de votre allié serait votre ami, et vous seriez au centre d'une magnifique continuité de pays qui auraient abattu leurs frontières fortifiées.

Voilà un programme qui vaut mieux que celui de compromettre vos propres intérêts et de vous détruire réciproquement avec le Japon.

X

CONCLUSION.

Pour bien saisir la situation et arrêter pour l'avenir une conduite logique, il faudrait que je puisse la présenter telle que je la vois dans sa complexité, tant au point de vue de la civilisation qu'au point de vue de la Russie et de sa politique intérieure et extérieure, car tout se tient et s'enchevêtre en ce monde, et tout est une résultante, une conséquence logique des faits. Voir cette situation à un point de vue élevé et dans son ensemble, a été l'un des buts de ma vie ; j'en détache ce qui est utile pour Vous, ma santé ne me permettant pas d'écrire maintenant le travail nécessaire pour la retracer en entier sous vos yeux. Malade, j'ai dû faire un suprême effort pour rédiger ces lignes ; je n'ai pu qu'y jeter ma pensée, sans la développer. Mais j'ose espérer que cela suffira pour que je sois comprise de Vous.

Je Vous dois aussi la vérité, Sire, j'éprouve une grande gêne devant l'Europe après les massacres du 22 janvier à Saint-Pétersbourg, de venir Vous demander de jouer le rôle de civilisateur.

Dans les affaires intérieures de Russie, comme dans les affaires extérieures, Vous n'avez pas été renseigné rigoureusement comme la situation le comportait et Vous avez été mal conseillé ; Vous pouvez Vous rendre compte de la répercussion terrible de cette faute : A l'extérieur une guerre monstrueuse et inutile, qui est contre vos intérêts les plus directs ; à l'intérieur la révolution qui gronde sourdement. Si Vous aviez été bien renseigné, les massacres du 22 janvier n'auraient pas eu lieu. C'est dans le journal parisien *le Temps* que je trouve la meilleure définition de la situation, ainsi résumée par *l'Indépendance belge* ; « *Le Temps* estime, que la répression de Saint-Pétersbourg fut d'une violence impossible à justifier, explicable seulement par l'affollement des exécuteurs et l'imprévoyance des chefs. On ne songeait pas que les ouvriers des usines, initiés par les ouvriers étrangers, ne pourraient pas comme les moujicks, conserver leur immobilité intellectuelle. Une manifestation collective paisible a pris le tsar au dépourvu. Le mal est consommé. Où est le médecin ? »

Mais, convaincue que lorsque vous connaissez les faits, vous avez le courage du devoir, sachant que vous êtes animé d'un grand bon vouloir, croyant que votre âme est faite de pitié et de bonté, **j'ai la foi** que si vous aviez été bien renseigné, vous auriez été **à votre place** comme Empereur à Saint-Pétersbourg le 22 janvier, à 2 heures, car je vous sais le fils du devoir. **J'ai foi** que Vous suivrez la ligne de conduite que j'ai cherché à tracer devant vos yeux, et que la situation actuelle vous impose ; de plus, cette conduite est tellement conforme à vos intérêts qu'il est impossible que vous ne soyiez pas convaincu de la nécessité de l'adopter.

Ici, c'est le point capital et que vous comprendrez, votre pouvoir comme Empereur de toutes les Russies est considérable, votre oui ou votre non fait loi d'un bout à l'autre de l'Empire, et la **responsabilité en est** terrible.

C'est Vous, **Vous seul** ici Monarque ; **Vous seul...** est-ce que cette vérité effrayante vous est apparue ? **Vous seul** à cette heure de crise terrible pour la Russie et la civilisation, **Vous seul** qui pouvez faire cesser cette guerre monstrueuse et ce **carnage** et apporter des propositions de paix ; c'est **Vous seul qui en avez le devoir.**

C'est à cette heure suprême qu'il s'agit **d'être à votre place** sans faiblesse.

Une heure de virilité, Sire, soyez votre propre conseiller.

Une heure de virilité, et, le monde civilisé tout entier dans une explosion de soulagement et de joie vous remerciera de votre courage.

Une heure de virilité pour assurer ce beau et quadruple résultat ; arrêter cette guerre monstrueuse et mettre fin à cet horrible massacre d'hommes.

Assurer la paix en Extrême-Orient,

Assurer la grandeur de la Russie,

Et faire faire un pas à la civilisation en introduisant le vingtième siècle dans le chemin de la paix.

Je vous adresse, Sire, un double de ma lettre, que je vous prie de vouloir bien transmettre à l'Empereur du Japon. Il est de toute nécessité que l'Empereur du Japon la connaisse car il pourrait ne pas comprendre, de votre part ces sentiments subits d'humanité et de civilisation que d'abord il pourrait croire dictés par la défaite ; l'Empereur du Japon ne peut pas oublier si rapidement tout le sang japonais qui a dû couler pour faire comprendre la force et la valeur du Japon.

Il faut aussi que par ma lettre le même travail qui s'est fait dans votre esprit s'opère dans l'esprit de l'Empereur du Japon pour qu'il puisse se rendre compte de ce qui a déterminé votre nouvelle conduite, que ces pensées vous ont été suggérées et que vous en êtes l'exécuteur.

Il faut qu'il sache que c'est une enfant d'un peuple libre qui s'est interposée entre Vous et lui, et qui vous apporte un terrain d'entente, celui de la civilisation et de l'humanité, tout en étant celui de vos intérêts réciproques, pour vous mettre en rapport l'un avec l'autre, pour vous permettre de Vous tendre la main par dessus défaites et victoires, sans avoir à les discuter et en les oubliant. Là, Vous pourrez vous rencontrer sans arrière pensée et dans un double but, sceller la Paix et entamer de bons rapports et surtout grâce à l'exemple donné par l'empereur de Russie et par l'Empereur du Japon, contribuer à faire faire un pas à la Paix du monde par le respect du Droit.

Télégraphiez-lui pour l'avertir que Vous envoyez un courrier avec des propositions de Paix ; dites-lui que s'il adhère en principe, aux propositions de ma lettre vous y adhérez aussi et que ce qui sera à modifier, se fera dans le sens de l'amitié.

Et même, si à cette heure un armistice n'a pas encore été conclu, il y a tout lieu de penser qu'il pourrait l'être immédiatement sans difficulté. Il conviendrait alors de le proposer dans le même télégramme qui porte les propositions de Paix.

⁂

Sire, le moment est solennel !

Que l'heure de virilité que je réclame de vous soit remplacée par une heure de faiblesse et le quadruple résultat que je vous faisais entrevoir tout-à-l'heure est perdu à jamais.

C'est alors votre grand empire couvert d'un voile de ténèbres qui étendra son ombre désastreuse sur l'ensemble de l'humanité.

C'est la brillante page sur laquelle votre Majesté a écrit sa proposition sublime de la Conférence de la Haye, **arrachée** du Livre d'Or de votre règne, pour n'y laisser subsister que les pages sanglantes qui s'y multiplient depuis, devant votre Peuple et devant tous les Peuples de la Terre.

MATHILDE PETITPIERRE

NOTA

Ce travail a été terminé le 1er Mars.

La note a été terminée le 9 Avril.

Un aperçu de ce travail a été adressé à M. de Witte le 14 juin 1905, avec prière de le soumettre immédiatement à l'Empereur. La lettre elle-même a été envoyée le 6 juillet à S. M. Nicolas II avant la nomination de M. de Witte comme ministre plénipotentiaire. Nous sommes heureux de constater que depuis la fin de juin les sentiments de l'Empereur de Russie se sont modifiés en faveur d'une solution pacifique de la guerre Russo-Japonaise.

IMP. NEUSTRIENNE
4, rue St-Denis
ROUEN

Documents manquants (pages, cahiers...)

NF Z 43-120-13

www.ingramcontent.com/pod-product-compliance
Lightning Source LLC
LaVergne TN
LVHW010048230826
846091LV00005B/1897

* 9 7 8 2 0 1 3 3 7 5 2 9 0 *